EUGÈNE ADENIS

LE NOUVEAU-NÉ

POÉSIE

Dite par Mademoiselle REICHENBERG

de la Comédie-Française.

PRIX : UN FRANC

PARIS

PAUL OLLENDORFF, ÉDITEUR

28 *bis*, RUE DE RICHELIEU, 28 *bis*

1885

LE NOUVEAU-NÉ

POÉSIE

DU MÊME AUTEUR :

FLIRTATION, monologue, dit par Coquelin aîné, de la Comédie-Française, in-18 1   »

L'HOMME QUI NE PEUT PAS SIFFLER, conte en vers, dit
par Coquelin aîné, de la Comédie-Française, in-18   1   »

IMPRIMERIE GÉNÉRALE DE CHATILLON-SUR-SEINE. — A. PICHAT.

LE
NOUVEAU-NÉ

POÉSIE

PAR

EUGÈNE ADENIS

DITE

par Mlle **REICHENBERG**, de la Comédie-Française.

PARIS

PAUL OLLENDORFF, ÉDITEUR

28 *bis*, RUE DE RICHELIEU, 28 *bis*

—

1885

LE NOUVEAU-NÉ

Dans les plis moelleux de ses langes,
Il dort... Sur notre humble séjour,
Tout droit du bleu pays des anges,
Il est arrivé l'autre jour.

Comment?... il s'est penché sans doute
Pour voir... la curiosité !...
Le bon Dieu, que pas un écoute,
Regardait d'un autre côté

Il est tombé : voilà la chose ;
Il est tombé du paradis,
Par bonheur sur du satin rose...
Il en est tombé, je vous dis,

Des milliers déjà !... Quoi qu'on fasse,
Sans profiter de la leçon,
Des milliers d'autres, pile ou face,
Tomberont de même façon.

Pourtant, ô chérubins rebelles,
La chute est très grave... D'abord,
On se casse toujours les ailes
En se heurtant sur notre bord ;

Et puis, beaucoup n'ont pas la chance
(Et faut-il en être étonné)
De tomber, à cette distance,
Sur un berceau capitonné.

On ne sait où l'on se hasarde !...
La plupart viennent se meurtrir
Sur le carreau d'une mansarde
Et Dieu sait s'ils ont à souffrir !

Dans ce triste monde où l'on pleure,
Trouvant leur destin trop cruel,
Il en est même qui, sur l'heure,
Aiment mieux remonter au ciel !

Ne regardez pas sur la terre,
O petits anges curieux !
Le jeu n'en vaut pas... le mystère.
Restez là-haut : cela vaut mieux.

Oui, mais vous êtes incrédules ;
L'inconnu ne vous fait pas peur ;
Il vous tente et, dans vos cellules,
En maudissant votre torpeur,

Vous rêvez d'incarner vos âmes
Pour affronter nos durs combats !...
Et puis, je vois des jeunes femmes
Qui vous font des signes d'en bas...

Ah ! c'est qu'ici-bas l'on vous aime !
Quoiqu'ils n'aient plus, les chers petits,
Leur séraphique diadème,
C'est vrai qu'ils sont encor gentils !

Voyez celui qu'on environne
De soins discréts et qui dort là ?...
Sous l'empreinte de la couronne
Qu'il perdit lorsqu'il s'envola,

Ses fins cheveux que l'on devine
(Car ils sont très rares encor)
Ont gardé la couleur divine
Du diadème tout en or !

Mais chut! le voici qui s'éveille...
Il cherche à rassembler, c'est sûr,
Tous ses souvenirs de la veille
Dispersés au fond de l'azu .

Il lui semble que sa pensée,
Jadis d'un si vaste horizon,
Indécise et rapetissée,
Se débat dans une prison !...

Où sont ses rayons, et ses ailes?...
Ah ! çà, que s'est-il donc passé?...
Il ne les sent plus... où sont-elles ?..
Et son nid, où l'a-t-il laissé?...

Et son paradis blanc et rose?...
Mais tout cela s'est donc enfui!...
C'est tout une métamorphose,
En lui, hors de lui, près de lui!

Il ouvre la bouche pour dire
Qu'il s'ennuie et veut s'en aller.
Nouveau prodige, autre martyre!...
Voilà qu'il ne peut plus parler...

Il pleure... vite, on le console,
On l'attire et, tout doucement,
Avec une tendre parole
Qu'il n'entend que très faiblement,

Une main blanche le caresse...
Tiens ! il se sent mieux... il se tait.
Quelle est cette main qui le presse
Avec amour?... on le guettait,

On l'entourait donc !... c'est bien drôle ;
Mais qui ?... tout lui devient égal.
Ah !... ce visage qui le frôle,
C'est quelqu'un qui lui veut du mal ?...

Non. Il se rassure, il soupire,
Il ferme les yeux à demi ;
Il comprend qu'il a quelque empire
Là, qu'il est en pays ami ;

Qu'à la douceur de cette étreinte,
A tous ces invisibles soins,
Il peut s'abandonner sans crainte...
Déjà, son cœur regrette moins

Près de ce cœur qui se révèle,
Le beau Paradis étoilé...
Soudain, (ô caresse nouvelle !)
Il sent qu'en son regard voilé

Pénètre une pure lum re,
Un rayon doux comme le miel...
Il sourit : dans l'œil de sa mère,
Il a revu son coin du ciel !

FIN

LIBRAIRIE PAUL OLLENDORFF

28 *bis, Rue de Richelieu, Paris.*

Imprimerie générale de Châtillon-sur-Seine. — A. PICHAT.